KB005444

넥스트 플랫폼

넥스트 플랫폼

발행일 ; 제1판 제1쇄 2018년 2월 7일 제1판 제3쇄 2020년 11월 18일
지은이 ; 송희경·프랭크 필러 발행인·편집인 ; 이연대
주간 ; 김하나 번역·편집 ; 송수아 제작 ; 강민기
지원 ; 유지혜 고문 ; 손현우
펴낸곳 ; ㈜스리체어스 _ 서울시 중구 삼일대로 343 9층
전화 ; 02 396 6266 팩스 ; 070 8627 6266
이메일 ; hello@bookjournalism.com
홈페이지 ; www.bookjournalism.com
출판등록 ; 2014년 6월 25일 제300 2014 81호
ISBN ; 979 11 86984 25 3 03300

BOOK
JOURNALISM

넥스트 플랫폼

송희경 · 프랭크 필러

차례

1

현재가 된 4차 산업혁명 ;

송희경

일자리와 가치의 변화

혁명의 순간은 알기 어렵다. 중국의 대문호 루쉰魯迅은 혁명이 정치·경제적 차원을 넘어 사상과 가치관, 습관과 풍속, 인간관계 등 문명론적 차원에서 이루어지는 보다 궁극적인 변혁이라고 말했다. 그러나 삶의 모든 방식이 바뀌는 거대한 변화에도 불구하고 우리는 어느 정도 시간이 흐른 후에야 일련의 과정이 혁명이었음을 알아챘다.

지금의 변화는 유례없는 속도로 진행되고 있다. 디지털 전환과 혁신이 동시다발적으로 일어나면서 그 깊이와 속도, 범위를 예측할 수 없게 되었다. 이미 '혁명'이라 불리고 있는 4차 산업혁명이 여전히 미래인지, 아니면 성큼 다가와 버린 현재인지 가늠하기 어려울 정도다.

모두가 기대와 희망, 우려를 담아 변화를 이야기하지만 새로운 산업혁명이 불러올 미래에 대응하기는 쉽지 않다. 가장 우려되는 문제는 단연 일자리다. 사람들은 로봇과 인공지능이 인간의 일자리를 대체할 것이라고 말하며 사라지고 생겨나는 직업을 예측하기 바쁘다. 그러나 돌이켜 보면 산업 사회에서 인간이 만들어 낸 발명품은 언제나 인간의 노동력을 대체해 왔다. 2차 산업혁명이 일어났던 1811년, 방직 기계는 100여 명의 노동력을 대신했고 일자리를 잃어 분노한 노동자들은 기계를 파괴하는 러다이트 운동을 일으켰다. 불과 200년

3D 프린터로 '인쇄'한 전기차 올리

전에 말이다. 하지만 지금은 효율성과 편의성을 높이기 위해 자연스럽게 기계를 사용하고 있다. 4차 산업혁명은 일자리의 미래에 굉장한 변화를 일으킬 것이다. 많은 사람들이 일자리를 걱정하는 것도 당연하다.

아마존 물류 창고에는 사람 대신 '키바Kiva'라는 로봇이 일한다. 아마존은 2016년 기준 16곳의 물류 창고에 도입된 키바로 생산 비용을 약 20퍼센트 절감했다. 미국 샌프란시스코에는 로봇 바리스타가 등장했다. 키오스크나 전용 애플리케이션을 이용해 커피를 주문하면 30초 이내에 커피가 나오는데 유명 체인점 못지않게 맛있다는 평가를 받고 있다.[1] 로컬 모터스Local Motors는 세계 최초로 3D 프린터를 이용해 자동차를 '인쇄'했다. 혁신적인 차량 제조 방식인 이노팩처링innovation manufacturing 시스템을 적용해 만든 12인승 전기차 올리Olli는 IBM이 개발한 인공지능 컴퓨터 왓슨Watson을 탑재하고 있다. 3D 프린터는 12인승 자동차를 만들기 위해 필요한 인원을 단 세 명으로 줄였다. 신제품을 만들기 위한 아이디어를 외부에서 얻는 방식인 오픈 이노베이션open innovation은 내부 인건비 절감 효과로 이어졌다.[2]

지능 정보 기계와 로봇은 생각보다 빠른 속도로 인간의 일자리를 침범하는 것처럼 보인다. 그러나 새로운 기술이 언제나 노동력을 대체하는 것은 아니다. 우버Uber 서비스가 처음 생겨났을 때 전 세계 택시 운전사들은 거세게 반발했다. 우버가 제공하는 라이딩 서비스가 자신들에게 어떠한 방식으로든 피해를 줄 것이라 생각했기 때문이다. 그러나 우버는 근본적으로 운송 회사가 아니라 데이터 회사다. 우버는 라이드 셰어링ride sharing을 통해 고객의 이동 정보와 신용카드 정보, 사소한 취향 등 다양한 데이터를 수집한다. 축적된 데이터는 UberEATS, UberRUSH, Uber of Everything 등 우버가 추진하는 다른 사업의 바탕이 된다. 우버 본사가 위치한 샌프란시스코에서 우버를 운송업이 아닌 '교통 네트워크'로 지정한 사실은 이를 뒷받침한다.[3]

우버 운전사들은 고객들을 연결해 주는 서비스를 제공하기도 한다. 샌프란시스코에 살고 있는 회계사 A와 뉴욕에서 온 건축가 B가 있다고 가정하자. 마침 A는 건축 사무소를 찾는 중이고, B는 회계사를 찾기 위해 샌프란시스코에 왔다. 만약 A와 B가 같은 우버 운전사를 이용한다면 운전사는 두 사람을 이어줄 수 있다. 우버 운전사가 네트워킹 서비스를 제공하는 것이다. 우버가 등장한 이후에도 여전히 로봇이나 인공지능이 택시 운전사라는 직업을 대신하지는 않는다. 우버는 자신들의 경쟁자가 택시가 아니라고 말한다. 우버는 사람들의 운전하려는 욕구와 경쟁한다. 우버가 제공하는 혁신적인 서비스는 인간의 일자리를 빼앗기보다는 바꾸어 놓는, 다시 말해 보완하는 역할에 가깝다.

테슬라의 전기차와 자율주행차도 마찬가지다. 테슬라는 이미 전통적인 자동차 제조 시장을 바꿔 나가고 있다. 테슬라가 시작한 혁명이 우리 삶에 일으킬 변화는 예측할 수 없다. 사람들이 걱정하는 것처럼 기존 자동차 생산량과 일자리가 줄어들지도 모른다. 그러나 미래 자동차의 생산량이 늘어나면 이와 관련된 새로운 시장이 생겨날 것이다. 없어지는 일자리를 고민하기보다는 빠르고 혁신적으로 새로운 기능을 만들어 내고 새로운 시장을 이끌 방법을 고민해야 한다. 변화에 유연하게 적응할 수 있는 사회와 기업, 국가가 4차 산업혁명을 리드할 수 있다.

버튼만 누르면 제품이 자동 주문되는 아마존의 대시 버튼

유연하게 적응하라

2017년 5월, 아프리카 중부에 있는 르완다에 다녀올 기회가
있었다. 폴 카가메Paul Kagame 대통령은 1994년 대량 학살 이후
황폐화된 경제를 부활시키기 위한 방안으로 IT를 선택하고 무
선 와이파이 망을 보급하는 데 힘쓰고 있다. 또한 매년 아프리
카 19개 국가의 대통령을 초청해 '스마트 아프리카로 전환하
기 위한 정상 회담Smart Africa Transformation Summit'을 개최한다. 아
프리카 각국 리더들은 회담에서 IT 기술과 정보 혁신을 통한
발전 방향을 논의한다.

　　미국에서는 아마존의 기술이 연일 화제다. 아마존이 발
명한 '대시 버튼dash button'은 누르기만 하면 화장지, 우유, 세
제 등 200여 종의 제품을 자동 주문하고 배송받을 수 있는 기

기다. 물류에 정보통신기술ICT을 융합한 아마존은 드론 배송, 오프라인 식료품 무인 매장[4] 등을 바탕으로 플랫폼을 확장하며 새로운 세상을 만들어 나가고 있다. "아마존은 내 삶에서 점점 더 많은 역할을 차지하고 있다Amazon took on ever-greater role in my life."는 말처럼, 많은 사람들이 아마존을 통해 플랫폼에 익숙해지고 있다. 한국이 IT 산업의 선발 주자라고 하지만 이제는 후발 주자들과 앞서가는 글로벌 혁신 기업들 사이에서 정체되어 있다. 새로운 기술을 적극적으로 배우고 사업에 적용해야 4차 산업혁명 시대에 도태되지 않을 수 있다.

4차 산업혁명의 의미는 다양해서 한 마디로 정의하기 힘들다. 그러나 ①파괴적 혁신[5] ②예측 불가능성 ③소프트웨어, 소프트파워, 컴퓨팅 사고력[6] ④수평적인 커뮤니케이션과 리더십 ⑤초연결사회hyper-connected society[7] 등 다섯 가지 특징이 핵심이다. 분야별로는 경제, 인구, 무역, 교육, 시장, 기술 등에서 세계와 한국의 상황을 비교하면 현재 한국이 4차 산업혁명에 어느 정도 준비되어 있는지 파악할 수 있다.

중국 현장의 변화를 읽는 것에서 시작해야 한다. 다양한 글로벌 기업의 본사가 중국으로 옮겨갈 만큼 중국의 경제가 부상하고 있다. 인구가 많아 내수 시장이 활성화된 중국에서는 매달 수백만 개의 새로운 회사가 생겨나고 있으며, 정부도 이들을 적극적으로 지원하고 있다. 그러나 한국에서는 신생 회사가 내수 시장만으로 글로벌 규모로 성장하기 어렵다. 다행인 것은 4차 산업혁명이 시장의 개념을 바꾸고 있다는 사실이다. 마케팅 시장을 마켓 1.0부터 마켓 3.0까지 정의한 것으로 유명한 경제 석학 필립 코틀러Philip Kotler는 4차 산업혁명 시대의 생존 방법으로 마켓 4.0이라는 개념을 제시했다. 마켓 4.0에서는 소비자와 공급자 사이의 경계가 허물어지고 소비자 커뮤니티의 영향력이 급증한다. 시장은 소비자가 아이디어를 내놓는 장이 되고, 기업은 시장에서 혁신적인 아이디어를 채택한다.

시장의 변화를 받아들이기 위해서는 4차 산업혁명의 동력이자 핵심인 소프트웨어에 대한 인식이 먼저 바뀌어야 한다. P&G는 성공적으로 평가받던 R&D모델을 C&DConnect&Development 모델로 바꿨다. C&D 모델은 내부에서만 개발을 진행하던 폐쇄형 R&D를 넘어 내부와 외부의 자원을 연결해 제품을 만들어 내는 개방형 R&D다. 대중과 소통하는 모델을 채택하면서 P&G는 고객 중심의 제품 혁신에 성공했다. 제너럴 일렉트릭GE의 변화도 눈여겨보아야 한다. GE는 120년 전통의 제조업 회사지만, 이제는 소프트웨어 회사로 변화하고 있다. GE에서 일하는 수천 명의 개발자는 제품에 센서를 붙여 데이터를 얻고 분석한 정보를 바탕으로 인공지능을 활용한다. 대표적인 사례로, GE는 자사의 항공기 제트 엔진에 센서를 부착해 고장 전에 미리 결함을 추적하고 발견할 수 있도록 했다. 항공사는 센서가 부착된 GE의 제트 엔진을 사용해 예방 정비를 할 수 있게 되었고, 고장으로 인한 손실 비용을 줄일 수 있었다. GE는 2016년 블룸버그가 발표한 세계 10대 기업에 소프트웨어 기업으로 포함되었다. 2020년까지 세계 10위권 소프트웨어 기업으로 성장할 것이라는 GE의 선언은 1년 만에 현실이 되었다.

교육의 혁신도 필요하다. 이미 여러 나라가 4차 산업혁명에 맞는 교육 시스템을 만들고 있다. 소프트웨어 기반 산업을 육성하려면 학생들이 어릴 때부터 관련 교육을 받도록 해야 한다. 최근 소프트웨어 교육으로 코딩 수업이 주목받고 있다. 그러나 아이들에게는 코딩을 하는 방법이 아니라 코딩을 통해 무엇을 할 수 있는지 생각하는 과정이 필요하다. 장기적인 계획을 세워 소프트웨어 교육을 지원하려는 '소프트웨어 교육 지원 법안'을 발의했지만 여전히 국회에서 계류 중이다. 의무 교육에서 소프트웨어를 가르치고 이를 뒷받침할 인프라를 마련해 아이들이 컴퓨팅 사고력을 갖추도록 해야 한다.

급변하는 산업 현장에 유연하게 대응할 수 있는 교육 프로그램도 필요하다. 2017년 초, 캐나다 워털루 대학교의 총장이 국회에서 창업 교육과 관련된 강연을 했다. 워털루 대학에서는 학생들이 정규 과정으로 편성된 인턴십을 통해 기업에서 일하며 기술과 업무에 대한 맞춤형 교육을 받는다. 실무 교육을 집중적으로 실시하는 코옵co-op 프로그램을 이수한 학생들은 졸업과 동시에 24개월의 업무 경력을 쌓을 수 있다. 헤닝 카거만Henning Kagermann 독일 공학한림원장은 한국의 교육 과정을 모듈식으로 구성하는 방안을 제안하기도 했다.[8] 모듈식 교육은 기술을 세분화한 후, 실무에 필요한 분야를 선택해 듣도록 하는 수업 방식이다. 독일 공학한림원은 2010~2011년 전기차 연구 당시 기존 자동차 생산 과정에 전기차와 관련된 모듈 교육 두세 가지를 추가해 불과 1~2년 만에 관련 인력을 확보할 수 있었다. 기존의 교육과 사고방식을 벗어나 코옵 프로그램과 모듈식 수업 등 새로운 교육 프로그램을 연구하고 도입해 경쟁력을 확보해야 한다.

내비게이션이 필요하다

앞으로 더 많은 데이터를 가진 기업이 모든 것을 차지하는 승자 독식의 시대가 올 것이다. 중국 기업 샤오미는 처음 등장할 때만 해도 애플의 카피캣이라는 비웃음을 샀다. 하지만 그 카피 마켓에서 경쟁력을 발휘해 막대한 데이터를 보유한 소프트웨어 회사로 거듭났다. 현재 샤오미는 체중계, 스마트밴드 등을 통해 자사 제품을 이용하는 사람들의 데이터를 수집하고 있다. 데이터는 앞으로 샤오미의 가장 큰 무기가 될 것이다.

구글의 경쟁력도 데이터에서 나온다. 미래에는 구글이 지구를 구한다는 이야기가 있다. 우스갯소리 같지만 구글은 지도 애플리케이션을 이용해 태양 발전기가 설치된 지붕에 대한 데이터를 수집하고 있다. 미래에 에너지가 고갈된다면 우리는 구글을 통해서 에너지를 공급받아야 할지도 모른다.

데이터를 갖춘 기업은 플랫폼 산업에 뛰어든다. 요즘 젊은 사람들은 페이스북, 아마존, 넷플릭스, 구글만 있으면 살 수 있다고 한다. 중국이라면 바이두와 알리바바, 텐센트일 것이다. 전 세계에서 플랫폼 업체가 시장을 독식하며 빠르게 성장하고 있다. 하지만 한국에는 아직 두드러진 플랫폼 업체가 보이지 않는다.

2016년 세계경제포럼WEF은 한국의 4차 산업혁명 준비 지수를 139개국 중 25위로 발표했다. 한국의 경제 규모나 영향력을 생각했을 때 상당히 낮은 순위다. 구체적으로 살펴보면 법 제도가 63위, 빅데이터 활용도는 56위였다. ICT 강국임에도 4차 산업혁명에 제동을 거는 규제가 많고 데이터를 활용하는 방법을 제대로 익히지 못했다는 이야기다.

반면, 한국과 같은 제조업 중심 경제인 독일은 사물 인터넷IoT을 통해 생산 기기와 생산품 간의 정보 교환이 가능한 제조업의 완전 자동 생산 체제를 구축하고, 전체 생산 과정을 최적화하는 인더스트리 4.0industry 4.0을 적극 추진하고 있다.[9]

인더스트리 4.0이 독일 산업 전반에 적용되면서 기대 이상의 효과를 보이자 세계가 주목하고 있다. 프랭크 필러Frank Piller 박사는 독일 RWTH 아헨공과대학Rheinisch-Westfälische Technische Hochschule Aachen 경영학 교수로, 특히 기술경영학Technology and Innovation Management에 관심이 많다. 인더스트리 4.0을 연구하는 세계적인 석학에게 한국이 4차 산업혁명을 성공적으로 수행하기 위한 방안을 듣는 시간을 가지고자 한다. 지금 우리에게는 4차 산업혁명 시대로 나아갈 내비게이션이 필요하다.

2　　　　　　4차 산업혁명과 플랫폼 비즈니스 ;

　　　　　　　　　　프랭크 필러

인더스트리 4.0

1969년 빈트 서프Vint Cerf와 로버트 칸Robert Kahn은 인터넷 통신 기술 아르파넷ARPANET·Advanced Research Projects Agency Network[10]을 개발했다. TCP/IP[11]의 근간이자 인터넷의 시초라 할 수 있는 아르파넷이 개발된 지 50여 년이 지난 지금, TCP/IP 프로토콜은 약 6만 개의 사물을 연결한다.

4차 산업혁명은 기계와 기계, 기계와 인간을 연결하는 네트워크에서 시작한다. 인더스트리 4.0은 4차 산업혁명의 가장 이상적인 모델로, 제조업에 사이버 물리 시스템CPS[12]을 융합해 제조업의 경쟁력을 강화하는 독일의 전략이다. '스마트 로봇 공장'이라고 불리는 인더스트리 4.0이 독일의 각 기업에 적용되자 수익률과 효율성이 높아졌다. 인건비 등의 이유로 해외로 나갔던 생산 공장도 다시 독일로 돌아오고 있다.

아헨 공대는 인더스트리 4.0을 한 단계 더 발전시키기 위해 생산 인터넷Internet of Production을 구축하고 있다. 아헨 공대 연구 기관과 컨소시엄이 만든 생산 인터넷은 사물 인터넷, 스마트 팩토리 등 기술 인프라를 기업의 의사 결정과 연결해 언제 어디서든 안전한 정보를 실시간으로 사용하도록 보장한다. 생산 인터넷은 두 개의 층위로 이루어져 있다. 하층부는 현장에서 데이터를 수집하는 기술 플랫폼이고 상층부는 기업의 의사 결정 시스템이다. 과거에는 두 층이 분리되어 있어

내장되어 있는 체온계가 아이의 체온을 체크하는 스마트 고무젖꼭지

데이터를 의사 결정에 반영하지 못하는 경우가 종종 있었다. 그러나 생산 인터넷 구조에서는 스마트 데이터smart data가 두 층 사이를 연결해 데이터를 바탕으로 의사 결정을 내릴 수 있도록 돕는다.

독일에서 판매되는 스마트 고무젖꼭지smart pacifier는 생산 인터넷을 실생활에 적용한 사례다. 스마트 고무젖꼭지를 사용하는 아이는 한밤중에 배고파 우는 일이 줄어든다. 아이의 체온 변화나 입 모양 움직임을 통해 배고프다는 사실을 알아차린 스마트 고무젖꼭지가 부모의 스마트폰으로 알림을 보내주기 때문이다. 부모는 아이의 상태를 미리 알고 아이가 울기 전에 우유를 먹일 수 있다. 특히 맞벌이 부부라면 아이의 상태를 실시간으로 알려 주는 스마트 고무젖꼭지를 이용해 아이와 떨어져 있어도 친밀한 관계를 유지할 수 있다.

스마트 고무젖꼭지를 개발한 기업은 아이의 상태를 알려 주는 애플리케이션까지 만들 계획은 없었다. 그러나 고무젖꼭지를 실제로 사용한 부모들은 스마트폰 알림이 필요하다는 의견을 내놓았다. 변화에 정확하고 신속하게 대응할 수 있었던 것은 생산 인터넷 덕분이었다. 기업은 제품을 사용하는 아이들의 정보를 지속적으로 분석해 패턴을 파악했고, 다음 행동을 예측할 수 있게 되자 애플리케이션을 만들었다.

플랫폼의 등장

기업이 고객의 니즈를 완벽하게 파악해 신제품을 론칭하기는 어렵다. 그러나 스마트 제품을 활용하면 소비자를 플랫폼에 참여시켜 니즈를 파악할 수 있다. 기술 혁신은 FEI Front End Innovation[13] → 신제품 개발 → 시장 진출의 과정을 거친다. 과거 대다수 사용자는 시장에 출시된 제품에만 접근할 수 있었다. 생산자를 중심으로 한 기존의 혁신은 내부에서 수많은 단계를 거쳐야 했고 시장의 요구에 빠르게 대응하기 어려웠다. 반면, 오픈 비즈니스 생태계인 플랫폼이 등장하면서 FEI나 신제품 개발 과정에 소비자가 참여할 수 있게 되었다. 기업은 플랫폼을 통해 소비자의 니즈를 적극적으로 조사하는 사용자 중심의 혁신을 진행하고 있다.

전통적인 기업의 가치 사슬value chain은 선형 구조pipe line

다. 기업은 내부 인력과 자원을 모아 효율적으로 가치를 창출할 수 있지만 소비자는 만들어진 가치(정보, 제품, 데이터 등)를 일방적으로 전달받을 수밖에 없다. 그러나 플랫폼의 등장으로 비즈니스 모델에 변화가 일어났다. 플랫폼 구조platform scale의 가치 창출 과정에서는 생산자와 소비자가 상호 작용한다. 스마트 고무젖꼭지는 플랫폼을 통해 기업과 사용자가 가치를 교환한 좋은 사례다.

플랫폼은 스스로 역량을 강화하며 성장한다. 고객을 기반으로 하는 플랫폼 회사는 다수의 사용자를 확보한 후 기존 사용자가 신규 고객을 연쇄적으로 끌어오는 네트워크 효과[14]에 집중한다. 마이크로소프트, 트위터, 페이스북, 알리바바 등 성공한 인터넷 플랫폼 기업도 거대 규모의 제조 시설이나 공급 사슬을 갖추기보다 수요에 집중하는 전략을 선택했다. 네트워크 효과는 서로 다른 두 개 이상의 집단이 존재하는 양면 시장two-sided market[15]에서 주로 나타난다. 플랫폼 운영자는 플랫폼에서 만들어지는 모든 것을 소유하지 않고 사용자 커뮤니티에 공유해 새로운 가치를 만든다.

플랫폼 생태계에서 기업들은 서로 데이터, 서비스, 제품, 역량을 교환한다. 이는 중소기업과 스타트업에 새로운 성장 기회를 제공한다. 특히 클라우드 서비스에 기반을 둔 기업은 적은 투자로도 사업을 전 세계로 빠르게 확장할 수 있다.

그러나 네트워킹 효과는 플랫폼 비즈니스를 승자 독식의 구조로 만들기도 한다. 비슷한 서비스를 제공하는 여러 개의 기업 가운데 후발 주자는 이미 네트워크 효과를 발휘하고 있는 플랫폼 기업에서 사용자를 데려오기 어렵다.

농기계 제조사에서 스마트 농업 플랫폼으로

독일의 히든 챔피언Hidden Champion[16] 기업인 클라스CLAAS는 인더스트리 4.0을 적용하면서 농기계 제조사에서 스마트 농업 플랫폼으로 거듭났다. 트랙터, 수확기 등 농기계를 만들던 클라스는 스마트 인더스트리smart industry를 빠르게 채택했다. 초기에는 농부들이 적확한 시기에 알맞은 농기계를 사용할 수 있도록 센서를 부착해 디지털 서비스를 제공하는 수준이었다. 그러나 각각의 제품을 연결하면서 '스마트 농업 플랫폼smart farm platform'이라 할 수 있는 농장 설비 시스템이 만들어졌다.

농부들은 여기서 한 단계 더 나아간 농업 관리 시스템 farm management system을 원했다. 관리 시스템은 기상 정보, 수자원 정보 등 농사에 필요한 각종 정보를 한꺼번에 제공하는 플랫폼이다. 제조업 회사인 클라스가 농부들이 원하는 프로그램을 제공하기 위해서는 기상 산업, 화학 산업 등 다른 산업을 끌어들여야 했다. 클라스는 플랫폼 기업으로 발전할지, 애플리케이션 기업으로 남을지 선택해야 했다. 지금처럼 약간의

경작지 데이터를 한눈에 볼 수 있는 365팜넷 애플리케이션

디지털 기술을 더한 제조업을 계속한다면 회사를 안정적으로 운영할 수는 있겠지만, 플랫폼에 참여하는 애플리케이션 역할에만 머무를 것이었다. 반면 플랫폼을 운영하기 위해서는 모든 서비스 업체를 관리할 역량이 필요했다.

고민 끝에 클라스는 플랫폼 개척자가 되기로 하고 100 퍼센트 지분을 가진 자회사 365팜넷FarmNet을 만들었다. 365 팜넷은 농업 관리 플랫폼으로 본사는 독일 베를린에 있지만, 플랫폼 내 기업(플레이어)은 독립적으로 운영된다. 클라스는 플랫폼에 HORSCH, LACOS, KWS 등 다양한 사업자를 참여시켰는데, 그 과정에서 새롭게 협력 관계를 맺은 곳이 보험회사 알리안츠Allianz다. 365팜넷을 이용해 농사를 망칠 확률이 적어지면 자연스럽게 보상해야 할 손실액이 줄어들 것으로 예상한 알리안츠는 클라스와 파트너십을 맺고 농업 관리 플랫폼에 참여했다.

플랫폼 생태계에서 경쟁력을 확보하기 위해서는 전략적인 결정을 내려야 한다. 플랫폼이 되고자 하는 기업이라면 생태계를 어떻게 구축하고 성장시켜 관리할지 고민해야 한다. 반면, 애플리케이션 기업은 오픈 비즈니스 생태계에서 플랫폼이 선호하는 파트너가 될 방법을 마련해야 한다.

플랫폼 기업은 개방성을 갖추어야 한다. 플랫폼이 추구하는 전략은 전통적인 계약과는 아주 다른 방식이다. 안드로이드의 구글 플레이 스토어나 애플의 앱 스토어가 운영하는 방식처럼 플랫폼 기업은 파트너가 들어오면 서비스와 알고리즘을 자유롭게 제공한다. 플랫폼 산업에서 경쟁력을 가지기 위해서는 지금보다 개방적이고 유연한 기준을 가지고 기업들이 서로 데이터를 자유롭게 교환할 수 있는 환경을 만들어야 한다.

플랫폼 거버넌스

새로운 비즈니스 모델을 채택해 플랫폼이 된 클라스의 구조는 앞서 언급했던 생산 인터넷 구조에도 대입해 볼 수 있다. 스마트 농기계에서 얻은 데이터를 분석해 판매와 관련한 의사 결정에 연결해 주는 구조는 제조업 플랫폼의 모습을 보인다. 그런데 이를 비즈니스 생태계 관점에서 바라본다면 제조업 플랫폼은 전체 생태계를 구성하는 하나의 요소에 불과하다. 플랫폼 비즈니스를 위해서는 기술 플랫폼뿐만 아니라 가치를 창출하고 확보해 거버넌스를 구축하는 과정이 함께 진행되어야 한다.

클라스는 오픈 플랫폼에 많은 돈을 투자해 농업 관리 시스템을 만들었다. 그런데 얼마 후 등장한 미국의 한 스타트업이 오픈 플랫폼에 공개된 클라스의 모든 정보를 학습한 후 더 나은 농장 관리 시스템을 만들었다. 비용을 들인 건 클라스인데, 가치를 실현한 건 미국 기업이었다. 이는 기업에게 중요한 질문을 던진다.

"플랫폼을 구축할 때 개방성을 얼마나 유지할 것인가?"

"플레이어에게 어떤 규칙을 부여할 것인가?"

관리자는 플랫폼을 구축하기 전 거버넌스를 미리 정립해야 한다. 플랫폼은 승자 독식 구조지만, 관련법이나 제도는 아직 미비하다. 기업의 지배 구조나 게임 규칙처럼 플랫폼에도 지배 구조가 필요하다. 플랫폼에서 활동하는 플레이어 중 누가, 어느 정도까지 데이터에 접근할 수 있는지 규정해야 한다. 플랫폼 사업자는 계약서에 언급되지 않은 요소까지 통제할 수 있어야 한다. 플랫폼 운영 기업이 법 제정 방식을 이해한다면 더 나은 플랫폼을 만들 수 있을 것이다.

플랫폼 인프라가 갖춰진 이후에는 제품을 통해 가치를

창출할 방법을 찾아야 한다. 가치 창출을 위해서는 데이터 개방성의 정도, 기업 가치를 포착할 방법, 네트워크 효과를 구축할 방법, 플랫폼이 산업 종류 간에 미칠 영향, 플랫폼 산업에서 하드웨어 디자인의 경쟁력 등을 고민해야 한다.

클라스가 플랫폼 사업에 성공하자 플랫폼 내에서 클라스와 파트너사를 구분할 방법과 365팜넷의 산업 분류에 대한 의문이 제기되었다. 전통적으로 구분 짓던 산업의 경계가 이미 사라졌음을 단적으로 보여 주는 사례다. 이는 독일과 한국에도 중요한 문제다. 두 나라 모두 하드웨어 기반의 제조 산업을 육성했기 때문에 소프트웨어 기반 산업에 취약할 수 있다. 물론 하드웨어는 여전히 소프트웨어 기반 산업에서도 중요한 요소다. 농작물을 실제로 수확하는 것은 알고리즘이 아닌 트랙터이기 때문이다. 그렇지만 제품을 단순한 하드웨어로 만들기보다 데이터를 가지고 서비스를 제공하는, 그래서 가치를 확보하는 상품으로 발전시켜야 한다.

플랫폼 산업과 정부의 역할

헤닝 카거만 교수가 제시한 독일 플랫폼 인더스트리 4.0Plattform Industrie 4.0은 4차 산업혁명의 핵심인 디지털 혁신을 앞당기기 위해 만들어진 네트워크다. 연방경제에너지부BMWi와 연방교육연구부BMBF가 주도하는 인더스트리 4.0에는 정부, 기업, 과학 협회, 노동조합 등 159개 기관에 속한 300명 이상의 이해관계자가 적극적으로 참여하고 있다. 플랫폼 인더스트리 4.0은 디지털의 구조적 변화를 촉진하고, 일관되고 신뢰할 수 있는 체제를 만든다. 경제가 네트워크로 연결될수록 다양한 분야의 이해관계자가 협력해야 한다. 플랫폼 인더스트리 4.0에서 참여자들이 서로 대화하며 인더스트리 4.0에 관한 전반적인 이해를 높였으면 한다. 독일 기업은 그동안 제조업에서 훌륭한 성과를 냈다. 하지만 이제는 제품을 넘어 플랫폼에 기반을 둔 새로운 비즈니스 모델을 만들어야 한다. 여기에는 정부의 역할이 필요하다. 경제 전반에 영향을 미치는 플랫폼 산업에서는 정부 또한 이해관계자다.

정부가 고려해야 할 문제는 많다. 국가의 플랫폼 산업 개입과 규제, 플랫폼 기업에 대한 세금 부과 등의 논의가 필요하다. 동시에 기업이 플랫폼 산업을 이해하고 비즈니스 모델을 혁신하도록 지원해야 한다. 독일에도 플랫폼을 스마트폰 애플리케이션 정도로만 인식하고 제조업에 미치는 영향을 이해하지 못하는 기업가가 많다. 이들에게는 비즈니스 관점의 디지털 플랫폼에 대한 교육이 필요하다. 기업이 디지털 플랫폼의 작동 방식을 이해해야 적합한 비즈니스 모델을 수립할 수 있다.

기업의 힘만으로는 인더스트리 4.0을 성공시킬 수 없다. 마찬가지로 정부의 역할만 강조해서도 안 된다. 인더스트리 4.0을 성공적으로 이끌어 가기 위해서는 기업과 정부가 모두 협력해야 한다.

2017년 9월 5일 국회 4차산업혁명포럼(공동 대표 송희경, 박경미, 신용현 국회의원)은 독일 아헨 공대 프랑크 필러 교수를 초청해 인더스트리 4.0을 주제로 특별 대담을 가졌다. 송희경 의원과 프랑크 필러 교수는 대담에 이은 후속 논의를 통해 한국의 제조업 혁신 방안을 모색했다.

3 디지털 전환과 제조업 혁명 ;
프랭크 필러 × 송희경

대량 맞춤 생산

송희경 매스커스터마이제이션mass customization은 무엇인가?

프랭크 필러 매스커스터마이제이션은 대량 맞춤 생산이라고 할 수 있다. 대량으로 생산하기 때문에 합리적인 가격을 책정할 수 있고, 맞춤 생산이기 때문에 고객의 욕구를 충족하는 제품을 만들 수 있다. 싼값에 맞춤형 제품을 만들 수 있는 시스템이다. 여기서 중요한 것은 개발·생산·마케팅·배송 전 과정을 소비자에게 맞추는 기술이다.

개별 소비자의 소비 특성이 모두 다르다는 점은 제조업의 위협 요소였다. 하지만 매스커스터마이제이션 시스템은 위기를 기회로 삼는다. 소비자는 모두 다르다는 가정을 바탕으로 다양한 니즈를 충족해 이윤을 얻는 매스커스터마이제이션은 고객이 원할 때, 원하는 서비스와 제품을 제공하는 것을 목표로 삼는다.

송희경 매스커스터마이제이션은 소비자라는 개념을 어떻게 바꿨나?

프랭크 필러 지금까지 소비자는 단지 기업이 만들어 낸 제품을 이용하는 사람에 불과했다. 기업은 인구통계학적인 특성에 따라 소비자층을 분류한 후, 같은 군에 속한 소비자가 비슷한 구매 성향을 보일 것이라 가정했다.

하지만 매스커스터마이제이션 시스템에서는 이 가정이 유효하지 않다. 기업은 제품 니즈를 파악할 수 있는 당사자인 소비자를 적극적으로 제품 개발 과정에 끌어들인다. 소비자는 FEI와 디자인 과정에서 의견을 낸다. 기업은 이들과 효율적으로 상호작용하기 위한 웹 기술을 개발하고 있다. 소비자에 대한 개념을 바꾼 기업이 새로운 비즈니스 모델을 적용하는 혁신을 이룰 수 있다.

송희경 제조업 분야에서 매스커스터마이제이션이 적용되는 사례를 소개해 달라.

프랭크 필러 다수의 독일 기업은 인더스트리 4.0 이전부터 맞춤형 제조업을 해왔다. 매스커스터마이제이션은 이전부터 존재했지만 기술 발전으로 새로운 제품과 서비스가 만들어지면서 트렌드가 된 개념이다.

맞춤형 농기계를 제작하던 클라스는 인더스트리 4.0을 도입하면서 새로운 기회를 포착했다. 트랙터 사용 방법을 개인별로 맞출 수 있는 가능성을 찾은 것이다. 클라스는 현재 맞춤형 제품에서 맞춤형 서비스로 사업을 확장하는 중이다. 미국에서만 이용 가능한 판도라 라디오pandora.com 서비스는 고객의 취향을 분석해 노래를 추천해 준다. 가입 시 입력하는 정보에서 소비자의 선호를 파악한 뒤, 그에 맞는 노래를 선곡해 개인 채널로 보내 주는 방식이다. BMW 고객들은 미니 쿠퍼를 구매할 때 차량을 직접 디자인할 수 있다. BMW가 제공하는 온라인 툴킷을 이용해 미니 쿠퍼 지붕에 사진이나 그래픽을 넣을 수 있다. BMW는 고객 맞춤 온라인 툴킷을 개발해 틈새 기업이 차지해 왔던 애프터마켓aftermarket[17]까지도 활용할 수 있었다. 몬트리올에 본사를 둔 마이 버추얼 모델My Virtual Model Inc.도 구매 경험의 본질을 바꾸고 있다. 고객은 마이 버추얼 모델에서 아바타를 만든 후 평소에 사고 싶었던 의류를 가상으로 입어 볼 수 있다.

설명한 네 기업은 소비자의 요구가 각기 다르다는 점을 해결해야 할 문제가 아닌 회사의 가치를 극대화할 기회로 만들었다. 대량 생산 시스템하에서는 하나의 제품을 만들어 모든 사용자에게 적용하는 '원 사이즈 핏츠 올one-size-fits-all' 전략이 일반적이다. 그러나 이들 기업은 지금까지 성공을 담보해 온 전략을 포기하고 개인 맞춤형 제품을 만드는 혁신을 단행했다. 관리자는 매스커스터마이제이션을 독립적인 비즈니스가 아닌 조직 역량을 확장하는 기회로 생각해야 한다.

송희경 MIT 스마트 커스터마이제이션 그룹MIT Smart Customization Group의 초기 멤버다. 매스커스터마이제이션이 대세가 될 것이라 생각했는가?

프랭크 필러 사실 나는 지난 20년간 매스커스터마이제이션이 트렌드가 될 것이라 말해 왔다. 매스커스터마이제이션은 새롭게 생겨난 개념이 아니다. 새로운 기술이 나타나면서 원래 있던 개념을 트렌드로 만든 것뿐이다. B2B 사업체는 예전부터 고객 맞춤형 전략을 활용해 왔다. 독일이나 영국이 제조업에서 성공적인 결과를 낼 수 있었던 것도 순수한 대량 생산 시스템을 고수하지 않고 고객 맞춤형 요소를 적용했기 때문이다. 독일과 영국 기업들은 스마트 팩토리가 도입되었을 때 큰 어려움 없이 변화에 적응했고, 이전보다 더 효율적으로 제품을 커스터마이징할 수 있었다.

정말 큰 변화를 겪는 쪽은 일반 소비자다. 지금까지 가구를 짜기 위해서는 목수를, 맞춤 의류를 제작하기 위해서는 재단사를 찾아가 높은 비용을 지불해야 했다. 하지만 빅데이터 분석이 적용된 디지털 제조업이 발전하면서 소비자는 매우 합리적인 가격으로 맞춤형 제품을 구매할 수 있게 되었다. 특히 스마트 제품이 등장하면서 소비자는 일상에서 매스커스터마이제이션 제품을 만나고 있다.

예를 들어 스마트폰은 표준화된 하드웨어를 가지고 있지만 어떤 애플리케이션을 어떻게 설치하느냐에 따라 다른 사람과 다른 나만의 제품이 된다. 스마트홈Smart Home은 스마트 제품을 이용해 이용자의 취향 혹은 필요에 맞게 집을 커스터마이징한 경우다. 앞으로 점점 더 많은 제품을 인터넷으로 연결할 수 있을 것이다. 일상생활의 많은 부분들을 개인에게 맞출 수 있다는 의미다.

새로운 기술이 한꺼번에 등장하면서 제조업의 지형이 바뀌자 기업들은 필사적으로 생존 방향을 모색하고 있다. 소매점의 서비스를 온라인에서도 이용할 수 있게 되면서 소비자들은 굳이 매장을 찾아갈 이유가 없어졌다. 이에 대응하기 위해 런던의 대형 백화점들은 개별 고객에게 맞춤형 제안을 하는 한편, 온라인과 오프라인 상점을 연결하는 등 새로운 비즈니스 모델을 선보이기 시작했다.

나는 기업에 비즈니스 훈련 과정을 제공하는 리더십 네트워크The Leadership Network[18]에서 '미래의 공장을 선도하는 방법 Leading the Factory of the Future'을 가르치고 있다. 스마트 팩토리를 연구하는 이 수업에서는 상점 내 공장을 만드는 방법을 탐구한다. 신발 매장을 찾은 고객이 자신의 요구 사항을 말하면 상점 안에 있는 공장에서 맞춤형 신발을 만드는 방식이다. 스마트 팩토리 프로젝트Smart Factory Project는 미래 소매점이 나아갈 방향을 제시한다.

송희경 제조업을 바탕으로 하는 매스커스터마이제이션은 인공지능이나 머신러닝machine learning, 딥러닝deep learning의 발달에 영향을 받을 수밖에 없다. 예를 들어 3D 프린터에 인공지능이 투입되면 정보를 받아들이는 프로세스에도 변화가 일어날 것이다. 인공지능이 매스커스터마이제이션에 어떤 영향을 줄 것이라 예상하는가?

프랭크 필러 인공지능의 발달은 매스커스터마이제이션 시스템에 새로운 기회를 가져다줄 것이다. 소비자의 구매 정보를 바탕으로 선호하는 제품을 추천하는 시스템은 빅데이터에 딥러닝 알고리즘을 적용했다. 이미 B2C 영역에서는 딥러닝이 사용되고 있다. B2B 영역에서도 연구가 진행되어 딥러닝을 적용한 추천 시스템을 활용한다면, 기업들은 과거 구매 내용을 바탕으로 앞으로 필요한 새로운 기계를 추천받을 수 있을 것이다.

송희경 최근 한국 제조업은 여러모로 어려운 상황이다. 산업 구조를 변화시키기 위해 한국 제조업에 매스커스터마이제이션을 적용할 방법을 조언해 달라.

프랭크 필러 한국의 현재 상황은 독일의 30년 전과 비슷하다. 30년 전 한국과 일본 경제에 추격당하던 독일에서는 비즈니스 모델을 바꿔야 생존할 수 있다는 인식이 널리 퍼졌고, 그 결과 새로운 산업 구조를 채택할 수 있었다. 그러나 당시 독일은 대량 생산 시스템에서 소량 맞춤화 시스템으로 변화하는 비효율적인 과정을 거쳐야 했다.

한국은 소량 맞춤화 시스템을 거치지 않고 바로 매스커스터마이제이션 시스템을 적용해 현재 상황을 영리하게 헤쳐 나갈 수 있다. 매스커스터마이제이션을 디지털 제조업에 도입한다면 제품과 서비스를 하나로 통합한 비즈니스 모델을 만들 수 있을 것이다. 한국이 IT 강국이라는 장점을 잘 살린다면, 단순한 소량 맞춤화 시스템을 뛰어넘는 통합 서비스로 진화할 수 있을 것이다.

새로운 산업 구조에서 살아남기 위해서는 인식의 변화가 필요하다. 주류 기업은 이미 성공을 담보하는 비즈니스 모델을 가지고 있어 변하기 어렵다. 독일에도 여전히 변화를 수용하지 못하는 기업들이 있다. 그러나 생존에 압박을 느끼고 절실하게 변해야 한다고 생각하면 결국 새로운 비즈니스 모델을 채택할 것이다. 플랫폼 인더스트리 4.0에서는 인식의 변화를 위해 매스커스터마이제이션 시스템으로 성공한 사례를 강조하고 있다.

송희경 2017년 독일 보쉬Bosch가 중국 기업에 스타터사업부와 제너레이터사업부를 매각했다. 약 10억 유로의 매출을 내고 있는 부서를 매각했다는 사실이 놀라웠다. 보쉬는 미래가 없다고 판단되는 부서라면 현재 매출과 상관없이 매각하고 있다. 어떻게 평가하는가?

프랭크 필러 말씀하신 대로 독일에서는 중국에 공장을 매각하거나 운영권을 넘기는 경우가 많아졌다. 스타터사업부와 제너레이터사업부를 매각한 보쉬는 2017년, 10억 유로를 투자해 독일 드레스덴에 반도체 공장을 설립할 계획이라고 발표했다.[19] 자동차나 내연 기관 부품을 생산하던 보쉬는 과거의 성공을 과감하게 버리고 미래 산업을 향해 나아가고 있다.

보쉬는 현재 전기차, 센서, 사물 인터넷 등에 관심을 보인다. 반도체 공장을 설립하는 것 역시 새로운 흐름에 적응하고 생존하기 위해서다. 새롭게 설립하는 반도체 회사는 기존에 운영하던 부품사보다 적은 노동력이 필요할 것이며, 이는 노동 시장에 영향을 미칠 것이다. 하지만 나는 보쉬의 움직임이 바람직하다고 생각한다. 기업 가치가 높을 때 전환을 시도해야 한다. 보쉬는 비즈니스 모델을 적극적으로 바꾸는 동시에 다른 기업에 인더스트리 4.0 컨설팅을 제공한다. 이노베이션 랩에서는 보쉬의 로드맵을 바탕으로 다른 회사의 비즈니스 모델을 점검해 준다. 다른 기업들이 견학을 요청하면 본사에 있는 이노베이션 랩을 둘러볼 수도 있다. 최근 GE는 "이제부터 우리는 스타트업이다"라고 선언했다. 보쉬도 GE처럼 스타트업이 되기 위한 변화 과정을 겪는 중이다.

비즈니스 혁신을 이끄는 플랫폼

송희경 대량 생산 시스템에서는 기능을 분업해 인건비를 절감한다. 하지만 플랫폼 산업은 기능보다 전문성을 분업하는 시스템이다. 변화 과정에서 조직 내외부의 혁신이 필요해 보인다.

프랭크 필러 독일의 B2B 회사들은 비교적 매스커스터마이제이션을 잘 수행하는 중이다. 이전부터 고객 중심의 사고를 가지고 각 생산 단계에서 필요한 만큼만 생산 능력을 유지하며 효율을 극대화한 린 비즈니스lean business[20]를 해왔기 때문이다. 하지만 B2C 회사가 매스커스터마이제이션에 성공한 사례는 찾기 어렵다. 개인 소비자를 타깃으로 하는 B2C 회사는 B2B 회사보다 변화가 어렵고 기존에 갖춰진 비즈니스 모델을 바꾸는 데도 한계가 있다. B2C 회사가 매스커스터마이제이션을 도입하기 위해서는 지금까지와는 전혀 다른, 독립적인 조직 구조가 필요하다.

기능별로 분화되었던 조직은 고객의 구매 여정에 맞추어 구성되어야 한다. 스타트업이 미래 산업에 적합한 이유가 여기 있다. 이미 조직과 비즈니스 모델이 갖춰진 회사에서는 새로운 모델을 받아들이는 것에 대한 저항이 발생할 수밖에 없다. 반면, 막 시작한 스타트업은 개편해야 할 조직 구조가 없어 새로운 모델을 받아들이기 쉽다.

과거에는 기업이 위기에 직면하면 이사진이 맥킨지나 보스턴 컨설팅 그룹 등 컨설팅 회사의 도움을 받아 새로운 비즈니스 모델을 도입하는 것을 혁신이라고 생각했다. 혁신은 기업이 대외적으로 새로운 이미지를 보여 주거나 새로운 사업 부문이 만들어질 때 이루어지는 일이었다. 그러나 지금의 혁신 과정에는 기업의 이사진뿐만 아니라 다른 직원들도 참여해야 한다. 이를 위해서는 혁신이 관리 가능한 프로젝트가 되어야 한다. 비즈니스 모델 혁신은 누가, 어떻게 해야 하는지 구조화되어 있지 않아 예측이 불가능하다. 40년 전 제품 혁신 과정을 살펴보면 예측 불가능한 혁신에는 저항이 불가피하다는 사실을 알 수 있다. 과거에 기업의 다수 조직원은 제품 혁신 과정을 연구하는 R&D 분야 관계자들을 미쳤다고 했다. 당시 제품 혁신은 예측할 수도 없고 관리하기도 어려운 일이었다. 그러나 R&D 인력들은 제품과 서비스 혁신을 위한 스테이지 게이트 프로세스stage-gate process[21]를 제시했다. 지금은 많은 기업들이 체계적인 시스템을 바탕으로 제품 혁신을 진행한다. 비즈니스 모델 혁신도 마찬가지다. 지속적인 연구를 통해 비즈니스 모델 혁신을 체계적으로 수행할 수 있는 시스템을 만든다면 조직원 모두가 참여할 수 있을 것이다.

송희경 하지만 제품 혁신과 비즈니스 모델 혁신은 성격이 다르지 않은가?

프랭크 필러 나는 그렇게 생각하지 않는다. 새로운 하드웨어를 내세운 제품 혁신 덕분에 스마트폰이 성공했다고 생각할 수도 있다. 그러나 소비자를 정말로 매혹시킨 것은 애플리케이션을 이용해 휴대전화를 취향에 맞게 만들 수 있다는 사실이었다. 스마트폰 제조사는 애플리케이션을 만들지 않는다. 그들은 제3자가 애플리케이션을 만들어 팔도록 플랫폼을 제공하고 수수료를 받는다. 스마트폰은 새로운 비즈니스 모델을 도입해 성공한 사례다.

매스커스터마이제이션은 소비자가 제품을 커스터마이징하는 서비스 혁신을 통해 제품 혁신을 일으킨다. 해당 제품을 판매하고 커스터마이징 기능을 어필하며 고-투-마켓go-to-market[22]을 확립하는 과정에서 비즈니스 모델 혁신이 일어난다. 새로운 제품은 필연적으로 새로운 비즈니스 모델이 필요하다. 제품 혁신과 비즈니스 모델 혁신은 다른 차원의 일이 아니다. 오히려 연결되어 있다.

송희경 기업이 혁신을 성공적으로 이루기 위해 필요한 조직 체계, 프로세스, 인사이트 등이 있다면 소개해 달라.

프랭크 필러 다음 세 가지 역량을 갖춘 기업이라면 플랫폼 산업에 잘 적응할 것이다. 첫째, 탄탄한 프로세스robust process를 마련해야 한다. 탄탄한 프로세스를 마련하기 위해서는 기업이 기존에 가지고 있던 자원을 재활용 혹은 재결합하는 능력이 필요하다. 모듈을 이용한다면 기존 자원을 새로운 비즈니스 모델에서 더 효율적으로 사용할 수 있다.

모듈이란 운영 방식과 가치 사슬을 고객의 요구에 따라 변하는 하나의 부분(부품)으로 인식하고, 주문에 따라 부품을 결합하는 시스템이다. 기업이 모듈 방식을 채택하면 새로운 비즈니스 모델에서도 생산하는 기계나 물건의 종류에 따라 생산 라인을 유연하게 적용하는 유연 자동화flexible automation가 가능하다. 기업은 대량 생산 체제의 효율성과 신뢰성을 그대로 유지하면서도 개인의 기호에 맞는 상품을 제공할 수 있다.

둘째, 솔루션 기반 역량solution-based capabilities을 갖춰야 한다. 아디다스는 스포츠 의류 브랜드 가운데 가장 먼저 매스커스터마이제이션을 적용한 기업이다. 처음에는 고객이 신발 끈 종류를 선택하는 단순한 전략으로 시작했지만, 이제는 맞춤형 신발을 통해 제공받은 고객의 정보를 분석해 맞춤형 훈련을 제안한다. 아디다스는 매스커스터마이제이션을 소비자의 니즈에 맞춰 발전시키는 차별화된 전략을 실행해 왔다. 다수의 스포츠 의류 브랜드가 매스커스터마이제이션 시스템을 적용한 지금도 여전히 고객들이 아디다스를 선호하는 이유다.

매스커스터마이제이션을 적용하기 위해서는 패러다임의 전환이 필요하다. 같은 군에 속한 소비자의 니즈를 모두 같다고 전제하고 공략할 시장만을 선택하는 전략은 버려야 한다. 모든 고객의 요구 사항이 다르다는 사실을 인식하고 언제, 어떤 가치를 제공해야 고객이 반응하는지 파악해야 한다. 소비자의 의도를 정확하게 파악해야 매스커스터마이제이션 시장에서 차별점을 확보할 수 있다.

셋째, 기업은 고객의 선택을 돕는 내비게이션을 마련해야 한다. 과도한 정보 속에서 소비자들은 제품 선택에 혼란을 겪고 있다. 이때 기업이 내비게이션을 만들어 고객이 필요한 제품을 쉽고 빠르게 찾을 수 있도록 돕는다면 성장의 기회가 될 것이다. 사용자가 선택한 옵션에 따라 제품이나 공정의 변화를 표시하는 컴퓨터 프로그램 컨피규레이터configurator도 고객이 원하는 것을 쉽게 찾도록 돕는다.

아마존은 고객의 구매 정보를 분석해 제품을 추천하는 엔진을 만들었다. 아마존 회원이라면 과거 구매 기록을 통해 선호 제품을 추천받은 경험이 있을 것이다. 내비게이션은 쉽게 말하면 쇼핑 큐레이터다. 쇼핑 큐레이터를 B2C 마켓으로만 인식하는데, 이를 B2B 산업에 적용할 방안을 고민해야 한다.

송희경 성공적인 비즈니스를 위해 경영진이 리더십 훈련을 받을 필요가 있을까?

프랭크 필러 많은 사람들은 경영진이 리더십 계발 프로그램을 좋아하지 않는다고 말한다. 그러나 사실 경영진은 자신의 일에 자부심을 느끼고 급여와 실적을 높이기 위해 끊임없이 노력한다. 그들은 도움이 되는 리더십 훈련이라면 환영할 것이다. 경영진이 지금의 리더십 훈련을 받지 않는 이유는, 프로그램이 직업 능력을 높이거나 실적을 올리는 일과 무관하게 진행되기 때문이다. 질적으로 좋지 못한 리더십 훈련은 이론에 지나치게 집중하고 현장에서 필요로 하는 사항은 반영하지 못하는 경우가 많다. 결과적으로 임원진은 훈련에 참여하는 것을 시간 낭비라고 생각한다. 특히 하루 이상 길어지는 훈련에는 더더욱 참여하려 하지 않는다.

앞서 언급한 스마트 팩토리 수업은 훈련과 교육이 실제 업무와 무관하지 않다는 것을 보여 준다. 이론을 실제 현장에 적용할 방법을 제시하는 훈련이 필요하다. 좋은 임원진 훈련은 코칭과 같아 스스로 생각할 기회를 준다. 코칭에서 이론이나 방법, 도구는 부차적인 것이다. 좋은 리더십 훈련을 받은 임원진은 세계를 바라보는 시각을 얻고, 이론을 현장에 적용하는 방법을 알게 될 것이다.

송희경 창업이라는 새로운 도전을 시작한 사람들은 애플리케이션 제작을 목표로 하는 경우가 많다. 이분들에게 플랫폼을 만드는 거대한 모험에 뛰어들라고 말해야 할까?

프랭크 필러 애플리케이션 사업은 플랫폼 사업을 가늠하는 테스트베드다. 애플리케이션 기업으로 플랫폼에 참여한다면 린 비즈니스를 할 수 있다. 사업을 처음 시작한다면 한꺼번에 많은 것을 시도하는 플랫폼 사업에 도전하기보다 하나의 원칙을 세우고 집중하는 편이 좋다.

제조업을 바탕으로 경제가 성장한 한국과 독일은 창업 친화적인 사회가 아니다. 그러나 플랫폼 산업 전반은 실험적인 사업을 시도하기에 좋은 조건이다. 특히 애플리케이션 사업은 수익을 창출하는 경영을 배울 수 있는 좋은 기회다.

역량이 갖춰진다면 플랫폼 사업에 뛰어들기를 바란다. 플랫폼을 너무 거창하게 생각할 필요는 없다. 스마트 고무젖꼭지처럼 작은 것에서부터 시작해 플랫폼 사업으로 성장할 수 있다는 사실을 기억해야 한다.

송희경 플랫폼 비즈니스 모델이 지속적으로 가치를 창출할 수 있는가? 플랫폼 경제는 공유 경제의 한 부분이고, 여기서 발생하는 가치가 참여자와 이해관계자에게 골고루 배분되는 선순환 구조가 만들어져야 지속 가능한 생태계가 된다. 일부가 과도하게 가치를 독점한다면 역풍을 맞게 될 것이다. 지금은 독점을 경계하며 경쟁 구도를 유지하기 위한 제도를 지원하고, 플랫폼 사업자들의 CSR(기업의 사회적 책임·Corporate Social Responsibility) 기준을 점검해 사회적 평판을 확인해야 하는 시기라고 생각한다. 독일에는 플랫폼 사업자의 독점에 관한 규제가 있나?

프랭크 필러 가치 실현을 위해서는 윈-윈win-win이 중요하다. 플랫폼 인더스트리 4.0에서는 독점 문제를 해결하고 가치를 확보할 방안을 연구하고 있다.

특정 기업이 많은 가치를 확보하고 실현하면 정부는 시장에 개입할 수밖에 없다. 유통 시장에서의 아마존이 그렇고 미국 통신사 AT&T나 철도 시스템도 마찬가지다. 어느 분야든 독점 현상이 나타나면 정부는 시장에 개입한다. 플랫폼 산업은 아직 경쟁 구도를 유지하고 있어 독점 현상이 나타났다고 보기 어렵다. 그렇지만 언제든 지금의 균형이 깨질 수 있기 때문에 정부는 계속해서 플랫폼 사업자들을 관찰하고 독점을 막기 위해 노력해야 한다.

성공적으로 독점을 규제한 사례를 공유하는 것도 하나의 방안이다. 플랫폼 사업자들이 정부와 좋은 관계를 맺는다면, 사업 추진에 우호적인 법안을 만들고 플랫폼에 대한 규제를 완화하는 데 도움이 될 것이다.

4차 산업혁명 시대의 필요충분조건

송희경 독일의 인더스트리 4.0은 정부 차원에서 시작했지만 자동차 부품업체 보쉬, 공학 기술 단체 공학한림원이 총괄 작업을 하고 지멘스, BMW, 도이체 텔레콤 등 주요 기업이 참여하고 있다. 정부와 기업, 학계를 아우르는 다양한 이해관계자들이 함께하는 프로젝트에서 주도권은 어느 쪽이 갖고 있는지 궁금하다.

프랭크 필러 누가 인더스트리 4.0을 주도하는지는 중요하면서도 복잡한 질문이다. 한 가지 확실한 것은 민간의 힘만으로는 성공할 수 없었을 것이라는 사실이다.

노동조합trade associations 또한 인더스트리 4.0의 중요한 플레이어다. 초기에는 산업계가 인더스트리 4.0을 주도했지만, 이는 모든 이해관계자가 참여한 형태가 아니라는 점에서 바람직하지 않았다. 게다가 기업은 이윤을 추구하는 곳이다. 그렇기에 공공 인프라로 간주할 만한 별도의 플랫폼이 필요했다. 정부는 플랫폼 인더스트리 4.0이라는 기관을 만들어 정부와 산업계뿐만 아니라 산학계와 노동조합 등 다양한 이해관계자가 인더스트리 4.0에 참여할 수 있도록 만들었다. 플랫폼에 참여한 여러 관계자는 경험을 공유하며 기술 표준화나 프라이버시의 기준을 세워 나가고 있다.

독일 전기기술협회VDE·Verband Deutscher Elektrotechniker 의장직을 맡은 적이 있다. 협회에서 40개 기업 총수들과 함께 인더스트리 4.0에서 경험한 비즈니스 모델을 공유하고 새로운 비즈니스 모델을 논의했다. 이곳에서 나눈 논의들은 5년 뒤 플랫폼 인더스트리 4.0의 공식 의제가 되었다. 이 경험을 통해 플랫폼 인더스트리 4.0에서 참여자들 간에 실제로 교류가 일어나고 있다는 사실을 확인할 수 있었다. 플랫폼 내에서 관계가 심화된다면 네트워크 효과가 나타날 것으로 기대한다.

송희경 한국에서는 정부가 정보의 대부분을 독점하고 있다.

프랭크 필러 플랫폼 산업에서 데이터 공유는 중요한 문제다. 정부는 데이터를 시민들이 자유롭게 사용할 수 있도록 공유해야 한다. 특히, 스마트시티[23]를 구축할 계획이라면 반드시 데이터를 시민과 공유하는 과정을 거쳐야 한다. 공공 안전이나 안보와 관련된 정보가 아니라면 정부는 공동의 정보를 무상으로 제공해야 한다.

하지만 개인의 정보를 처리하는 방법은 심사숙고해야 한다. 플랫폼 산업의 취지는 타인과 자유롭게 정보를 공유하는 것이지만, 개인 정보는 사적인 영역에 속하기 때문에 함부로 처리할 수 없다. 앞으로 개인 정보의 범위를 규정하고 공유 수준을 결정할 추가적인 논의와 연구가 필요하다.

송희경 독일의 교육 시스템[24]은 플랫폼 시대에 적합한 맞춤형 교육으로 유능한 인적 자원을 키워내고 있다. 급속도로 변화하는 기술을 감안하면 학생별 맞춤형 교육이 점점 더 중요해질 것으로 보인다. 또 학교 밖의 전문가들이 적극 참여하는 실용적인 교육이 확대되어야 한다. 교육에도 매스커스터마이제이션과 오픈 플랫폼이 필요하다고 말할 수 있을 것 같다.

프랭크 필러 말씀하신 것처럼 교육은 매우 중요하다. 우리의 미래가 교육에 달려 있다고 해도 과언이 아니다. 그러나 실질적인 논의는 부족한 상황이다. 나도 학생을 가르치는 교수다 보니 교육을 어떻게 비즈니스로 만들어 오픈 플랫폼에 적용할지 고민하고 있다.

독일 정부는 전자 기기를 이용해 강의를 제공하는 e-러닝 이상의 논의를 진행하지 못하고 있다. 그러나 전 세계적으로 교육 비즈니스를 둘러싸고 대규모의 경쟁이 일어나고 있다. 교육 혁신을 지금까지 이야기한 비즈니스 모델 혁신과 관련시켜 생각해 보자.

대규모 오픈 온라인 플랫폼인 무크MOOC·Massive Open Online Course[25]를 이용하는 학생은 스탠퍼드대나 하버드대에 재직 중인 저명한 교수의 강의를 무료로 수강할 수 있다. 2012년 MIT와 하버드대는 약 3000만 달러를 투자해 에드엑스edX[26] 플랫폼을 만들었다. 15개 대학이 참여한 비영리 단체 에드엑스는 오픈 소스를 이용해 모든 데이터를 개방한다. 독일의 몇몇 혁신적인 대학에서도 교육의 새로운 흐름을 제시하고 있다. 아헨 공대는 2015년부터 에드엑스에 창립 멤버로 참여하고 있고, 말테 브레텔Malte Brettel 교수가 온라인 강의를 업로드한다.

교육에 매스커스터마이제이션을 적용한 에드엑스는 제품보다 서비스에 가깝다. 에드엑스는 학생들의 데이터를 수집해 맞춤형 강의를 제공한다. A와 B라는 강의를 함께 수강하는 학생이 A 과목에서 더 좋은 성적을 낸다고 가정해 보자. 그렇다면 에드엑스는 A 과목을 더 잘할 수 있게 돕고 B 과목의 부족한 부분을 채울 수 있는 집중 훈련을 제공할 것이다. 아직은 프라이버시 문제로 학생들의 데이터를 수집하는 데 한계가 있어 완전한 맞춤형 강의를 제공하기 어렵다. 하지만 이 문제가 해결된다면 더 다양한 형식의 맞춤형 강의를 제공할 수 있을 것이다. 무크나 에드엑스를 이야기했을 때 교육이 디지털로만 이루어지는 상황을 우려하는 사람도 있었다. 하지만 교육은 교사와 학생이 서로 의견을 교환하는 사회적인 행위다. 그들이 직접 만나 관계를 이어 나가는 것에는 변함이 없다. 변하는 것은 기술을 활용해 학생에게 맞춤형 강의를 제공하는 것뿐이다. 오히려 교육의 디지털화를 통해 교사는 각각의 학생과 더 친밀한 시간을 보낼 수 있을 것이다. IT와 교육 분야에서 앞서 있는 한국은 교육에 오픈 플랫폼을 적용시키는 사업을 선도할 수 있을 것이다.

송희경 '올해의 교수'로 두 번이나 선발되었고 다수의 교육 관련 상을 받았다.

프랭크 필러 나는 가르치는 것을 정말로 좋아한다. 그렇지 않았다면 교수가 되지 못했을 것이다. 상을 받으며 두 가지 생각을 했다. 첫 번째는 내가 하는 일을 진심으로 좋아하고 열정을 다했기 때문에 상을 받을 수 있었다는 사실이다.

둘째로, 앞으로도 교육자의 역할에만 한정해 연구하면 안 되겠다는 생각을 했다. 과학 분야의 연구실과는 다르게, 경영대학원에서는 실무 현장과 끊임없이 교류하는 일이 중요하다. 나는 여전히 프로젝트에 직접 참여하려고 노력하며 경험한 것을 바탕으로 수업을 진행한다. 기업과 함께 프로젝트를 수행하는 일은 도전적이다. 하지만 직접 경험한 사례를 수업에서 언급하고 적용했을 때 수준 높은 강의를 할 수 있었다. 앞으로도 그렇게 해나갈 것이다.

교육 혁신 상을 받은 '교육 혁신 이론Teaching Innovation Theory'은 대규모 강의식 수업을 완전히 바꾸는 방식이었다. 5년간 '산업 엔지니어를 위한 경영 전략'과 같은 수업을 가르치면서 대규모 수업의 폐해를 경험했다. 한 강의실에서 함께 수업을 듣는 1200명의 학생 중 내용을 제대로 이해한 사람은 거의 없었다. 나는 대규모 강의의 문제를 해결하고자 무크를 이용해 강의를 비디오로 만들자고 제안했다. 수업과 무크를 병행하면 학생들은 온라인 강의를 통해 시험에 필요한 기본적인 지식을 얻을 수 있다. 수업에서는 토론만 진행해 학생들의 집중력과 수업 이해도를 높인다. 새로운 수업 방식은 아주 실용적이다. 학생들은 각자의 이해 능력에 맞춰 수업을 수강하고 있다. 나는 완전히 새로운 사고방식의 수업을 처음으로 시작한 교수였다.

무크를 수업에 적용한 이후 내 강의를 듣는 학생들은 학기 첫 날 포커 게임 시뮬레이션을 한다. 시뮬레이션 결과를 바탕으로 한 학기 동안 자동차 제조 공장을 관리하게 되며 성적은 공장의 실적에 따라 결정된다. 새로운 수업 방식은 1학년 학생도 선배들과 동등한 조건에서 경쟁할 수 있다는 점에서 혁신적이다. 교수가 600명의 학생을 하나의 그룹으로 만들어 토론시키는 일은 어렵다. 지금까지 수동적으로 수업 내용을 받아들였던 학생들이 능동적으로 사고하게 만드는 것도 마찬가지다. 그러나 새로운 수업 방식은 교수들의 의욕을 돋울 것이다.

송희경 참여하고 있는 연구 프로젝트에 대해 자세히 듣고 싶다. 지금 연구하는 주제는 무엇인가?

프랭크 필러 나는 3D 프린터로 일컬어지는 적층 가공 additive manufacturing[27]을 연구하고 있다. 지금까지 적층 가공과 관련해 기술 디자인, 기계 설계, 제품 디자인 등 다양한 연구가 진행되었다. 영국 노팅엄에는 적층 가공만을 중점적으로 연구하는 센터도 있다. 하지만 적층 가공이 사회에 미칠 영향을 연구하는 사람은 극소수에 불과하다. 그래서 나는 적층 가공으로 달라질 산업 구조를 연구하고 있다.

매스커스터마이제이션이 기업과 소비자를 연결하면서 소비

자도 기업의 제품 제작 과정에 참여하게 되었다. 그러나 아직은 솔루션 영역에 한정되어 있다. 나이키, 아디다스 같은 회사가 제공하는 개인 커스터마이징 영역은 선택지가 미리 정해져 있는 경우가 많다. 적층 가공을 적용하면 소비자의 선택은 더 이상 기업의 제약에 얽매이지 않을 것이다. 기업과 소비자의 개념이 유효하지 않을 수도 있다. 기계를 가진 개인이 스스로 제품을 디자인하고 만들면 되기 때문이다.

적층 가공이 가져올 변화에 대응하려면 새로운 기술을 배워야 한다. 전통적인 디자인 수업에서는 비용 절감을 위해 새로운 요소를 사용하기보다 기존에 가지고 있는 요소를 재사용하도록 권장했다. 그러나 중간 과정이 전혀 없고 즉각적인 수정 작업이 가능한 적층 가공에서는 자원의 재사용이 불가능하다. 기업은 과거의 관행에서 벗어나 완전히 새로운 기술이 나타났다는 사실을 이해해야 한다.

이외에도 데이터 중심으로 운영되는 공장 조직의 역량을 길러 결과적으로 기업 역량을 성장시키는 방안을 연구하고 있다.

송희경 좋은 비즈니스 모델이란 무엇인가?

프랭크 필러 좋은 비즈니스 모델은 정의할 수 없다. 하나의 비즈니스 모델이 다른 비즈니스 모델보다 낫다고 이야기하거나 지속 가능한지를 가려내는 일은 어렵다. 게다가 비즈니스 모델을 적용하는 과정에서 우발적 상황이 끊임없이 발생한다. 정치와 정부, 데이터, 가치 창출에 관한 이야기 또한 단순하게 이야기할 수 없는 주제들이다.

송희경 커스터마이제이션에 대한 좋은 이야기를 많이 들었다. 한국 독자들에게 한 말씀 부탁한다.

프랭크 필러 커스터마이제이션을 이야기하다 보니 결국 우리가 미래를 커스터마이징한다는 생각이 들었다. 우리는 하나의 큰 미래를 추구하지 않는다. 대신, 각자에게 맞는 수많은 미래를 바라보고 있다. 오늘의 대화는 한국과 독일의 미래를 찾아가는 하나의 과정이다. 기술 인프라가 발달하면서 전 세계가 연결되고 있다. 서로 협력해야 하는 상황도 늘고 있다. 나는 이 상황을 낙관적으로 생각하며 앞으로 한국과 독일이, 그리고 전 세계가 생산적인 방향으로 발전하기 위한 대화를 더 나눌 수 있기를 기대한다.

4   넥스트 플랫폼을 향한 제언 ;

송희경

가상 화폐를 둘러싼 열기가 뜨겁다. 그런데 정부는 가상 화폐 거래소 폐쇄와 관련법 추진으로 전방위적인 압박에 나섰다. 국민의 불신과 시장의 혼란을 가중시킬 수 있는 정부의 이러한 규제는 심히 우려스럽다. 정부가 비트코인, 가상 화폐, 블록체인을 제대로 구분조차 못하는 것 같다는 의구심마저 든다.

미국, 영국, 호주 등 세계 각국은 산업 발전과 공공 차원의 신뢰 확보를 목표로 블록체인 기술에 투자를 확대하고 있다. 블록체인 기술은 의료, 복지, 조세 관리 등 공공 서비스 분야에서 투명성과 신뢰성을 확보하고 보안을 강화하는 기폭제 역할을 수행할 것으로 기대된다. 가상 화폐 규제로 인해 한국이 블록체인 기반의 산업 재편 흐름에 뒤처진다면 미래는 어두울 수밖에 없다. 부동산 투기가 있다고 모든 복덕방을 문 닫게 할 수는 없는 것처럼, 비트코인만으로 모든 가상 화폐를 규제하는 일은 옳지 않다. 새로운 기술이 등장할 때마다 정부가 규제로 일관한다면 끊임없이 변화하는 세계에서 살아남을 수 없다.

4차 산업혁명은 소프트웨어를 기반으로 사물에 지능을 더하고 모든 것을 연결해 융합하는 산업 대변혁이다. 4차 산업혁명으로 인한 변화는 이미 일상생활에서도 느낄 수 있다. 비트코인, 알파고, 인공지능 스피커로 대표되는 4차 산업혁명 기술은 시간, 범위, 규모를 가늠할 수 없을 정도로 우리의

삶을 빠르게 변화시키고 있다. 우버나 에어비앤비 같은 전에 없던 서비스를 제공하는 기업들도 등장했다. 새로운 형태의 기업과 기술을 성장시켜 4차 산업혁명의 기반으로 삼기 위해서는 유연한 기업 생태계와 혁신을 수용할 수 있는 사회 구조가 필요하다. 변화와 혁신을 수용할 수 있는 국가적·사회적 신뢰의 판을 깔아야 하는 이유다.

4차 산업혁명이 제대로 발화하기 위해서는 새로운 산업과 서비스의 출현을 가로막는 규제를 최소화해야 한다. 한국의 법과 제도는 허용하는 것을 구체적으로 명시하고 나머지는 모두 금지하는 '포지티브 규제'를 채택하고 있어 신사업의 등장을 쉽게 인정하지 않는다. 그러나 정작 이 문제를 해결해야 할 국회는 요지부동이다. 오죽하면 업계에서는 '법法뮤다 삼각지대'라는 말까지 나온다. 전통 산업 보호 장치 - 개인정보 관련 규제 - 진흥 육성에 관한 가이드라인의 삼각 고리에 신기술과 서비스가 갇혀 있다는 자조적인 반응이다. 여야는 4차 산업혁명에 대한 구호를 외치기 전에 협치를 통해 국회에 상정된 법안을 통과시켜야 한다.

정부 부처 간의 엇박자도 조율해야 한다. 지난해 금융위원회의 '우수 해외 송금 스타트업 업체'로 선정된 핀테크 업체가 기획재정부의 조사를 받는 일이 있었다. 4차 산업혁명과 관련한 부처 간의 이해가 다르고, 소통이 부재한 탓이었다. 기업뿐만 아니라 정부 부처에도 오픈 이노베이션이 도입되어야 한다.

4차 산업혁명을 성공적으로 이루어 내기 위해서는 균형, 다양성, 협력, 그리고 인간을 돕는 기술 화이트 테크white tech를 갖춰야 한다. 인간의 행복과 첨단 기술, 네거티브 규제와 포지티브 규제의 균형이 이루어지는 가운데 창의적인 인재를 양성하고 다양성을 존중하는 사회가 바람직하다. 또한 세대 간, 산업 간, 지역 간 협업이 중요하다. 마지막으로 인간을 돕는 기술의 활용을 촉진하는 법 제도가 정착되어야 한다. 네 가지 요소가 골고루 충족될 때 한국도 4차 산업혁명을 향한 발걸음을 내디딜 수 있을 것이다.

주

1 _ 곽노필, 〈카페 역사 460년 만에 등장한 로봇 바리스타〉, 《한겨레》, 2017. 2. 9.

2 _ 문희철, 〈[글로벌 기업 혁신의 현장]오바마도 놀랐다, 3D 프린터로 '인쇄'한 이 자동차들〉, 《중앙일보》, 2016. 11. 28.

3 _ 장진원, 〈[우버 세상을 바꾼 혁신의 힘]우수한 택시 운전사에 우버는 새 기회〉, 《한경비즈니스》, 2014. 8. 18.

4 _ 아마존 고(Amazon Go)는 아마존이 운영하는 오프라인 식료품 무인 매장이다. 아마존 고 애플리케이션을 구동한 후 물건을 집어 들면 자동으로 결제가 이루어져 줄을 서서 물건을 구매할 필요가 없다. 2016년 12월 미국 시애틀에 첫 매장이 생겼다. 직원 대상 시험 운영을 거쳐 2018년 1월 일반에 공개했다.

5 _ 파괴적 혁신은 주력 시장이 요구하는 성능과는 전혀 다른 차별화된 요소로 새로운 고객의 기대에 대응하면서 새로운 시장이나 틈새시장의 요구를 충족시키는 것을 의미한다. 〈파괴적 혁신(Disruptive Innovation)〉, 《HRD 용어사전 - 네이버 지식백과》, http://bit.ly/2hAigmk

6 _ 컴퓨팅 사고란 소프트웨어 개발에 적절한 사고방식을 말한다. 문제 상황의 핵심 원리를 찾아내 이를 재구성하고 순서도를 만들어 해결하는 방식이다. 데이터를 모으고 조작하기, 큰 문제를 작은 문제들로 쪼개기, 문제를 구조화하고 추상화하기, 순서에 따라 문제 해결을 자동화하기 등이 포함된다. 이 과정에서 디지털 시대에 필요한 사고력과 문제 해결 능력, 창의력 등을 기를 수 있다.
〈컴퓨팅 사고(computational thinking)〉, 《한경 경제용어사전 - 네이버 지식백과》, http://bit.ly/2ihGleT

7 _ 초연결사회는 사람과 사람, 사람과 기기, 기기와 기기가 네트워크로 연결된 사회다. 사물 인터넷, 만물 인터넷(IoE·Internet of Everything) 등을 기반으로 구현되며 스마트홈, 스마트카 등이 대표적인 사례다. 초연결사회는 개인 간 커뮤니케이션뿐만 아니라 여론 형성 과정, 정책 결정, 의사 결정에도 영향을 미치고 있다.
〈초연결사회〉, 《박문각 시사상식사전 - 네이버 지식백과》, http://bit.ly/2AHjUHz

8_ 김익현, 〈4차 산업혁명, 교육도 모듈식으로 바꿔야〉, 《지디넷코리아》, 2017. 3. 27.

9_ 독일의 제조업 경쟁력은 세계 최고 수준이지만 경쟁의 심화에 대비해 2010년부터 인더스트리 4.0을 적극적으로 추진하고 있다. 인더스트리 4.0은 사물 인터넷을 통해 생산 기기와 생산품 간의 정보 교환이 가능한 제조업의 완전 자동 생산 체계를 구축하고 전체 생산 과정을 최적화하는 산업 정책이다. 제4세대 산업 생산 시스템이라고도 한다. 1차 증기 기관의 발명, 2차 산업혁명(대량 생산, 자동화), IT가 산업에 접목된 3차 산업혁명에 이어, 사이버 물리 시스템(CPS)이 네 번째 산업혁명을 가져올 것이라는 의미에서 붙은 명칭이다.
〈인더스트리 4.0〉, 《박문각 시사상식사전 – 네이버 지식백과》, http://bit.ly/2zIdlV3

10_ 아르파넷(ARPANET)은 1969년 미국 국방부의 고등연구계획국(DARPA)이 핵전쟁을 비롯한 중대 전쟁이 발생할 경우에도 컴퓨터를 서로 연결할 수 있는 효과적인 방안을 찾으면서 개발된 새로운 컴퓨터 네트워크다. 하나의 컴퓨터가 적어도 두 가지 이상의 경로를 통해 접속하고 한 메시지를 여러 조각(패킷)으로 분할할 수 있도록 설계되었다. 미국 각지에 분산되어 있는 연구소와 대학교의 컴퓨터를 연결한 대규모 패킷 교환망이다. 인터넷의 기원을 아르파넷으로 보고 있다.
〈아르파넷(Advanced Research Projects Agency Network)〉, 《박문각 시사상식사전 – 네이버 지식백과》, http://bit.ly/2FMQfiD

11_ TCP/IP는 컴퓨터 간 주고받는 메시지를 전송할 때 에러가 발생하지 않도록 알맞은 크기로 나누어 전송하고 이를 받은 후 다시 원래의 정보로 변환할 수 있도록 약속한 통신 규약이다. TCP/IP는 1960년대 말 미국 국방부의 고등연구계획국(DARPA)의 연구에서 시작되어 1980년대 초 프로토콜 모델이 공개되었다. 인터넷 프로토콜 가운데 가장 중요한 역할을 하는 TCP와 IP의 합성어다. TCP는 데이터의 흐름을 관리하고 정확성을 확인하며 IP는 패킷을 목적지까지 전송하는 역할을 담당한다.
〈TCP/IP〉, 《박문각 시사상식사전 – 네이버 지식백과》, http://bit.ly/2mvQbyz

12_ 사이버 물리 시스템(CPS)은 융합 연구의 발전으로 새롭게 이목을 끌고 있는 시스템이다. 일반적으로는 다양한 컴퓨터 기능들이 물리 세계의 일반적인 사물들과 융합된 형태를 의미한다. 기존의 실시간 임베디드 시스템(embedded system)이 확장된 개념이라고 볼 수 있다. 의료, 항공, 공장, 에너지 등에서 광범위하게 사용되는 인공지능 시

스템을 모두 포함한다.

〈사이버 물리 시스템(Cyber Physical Systems)〉,《두산백과 – 네이버 지식백과》, http://
bit.ly/2jsrd1U

13 _ 제품 개발 과정에 공식적으로 들어가기 전, 시장의 니즈를 확인하고 콘셉트를 잡
는 단계다.

14 _ 특정 제품의 사용자가 많아질수록 그 제품을 사용하는 소비자의 효용이 커지게 되
는 현상이다. 예를 들어 전화기를 혼자 가지고 있으면 사용할 수 없지만, 가입자가 많아
지고 통화가 가능한 사람이 늘어나면 효용도 같이 증가한다.
장정모, 〈플랫폼과 양면시장은 무엇이고 어떤 역할을 하나요?〉,《조선비즈》, 2012. 9. 15.

15 _ 장 티롤(Jean Tirole)은 21세기 네트워크 산업의 특성을 정리한 플랫폼 이론을 제
시했다. 20세기의 제조업 시장이 제품을 생산해 시장에 판매하는 단면시장이라면, 21세
기 네트워크 산업의 플랫폼 시장은 콘텐츠 교통의 중심지로, 둘 이상의 고객 집단을 연
결하는 양면시장 또는 다면시장이다. 플랫폼 시장에서 규제 당국이 기업의 시장 지배력
남용 행위나 담합, 불공정 거래 행위에 대한 부당성이나 불법성을 판단하기 위해서는 단
면시장과는 다른 기준을 적용해야 한다. 단면시장에서 한계 비용보다 낮은 가격을 책정
하는 것은 약탈 가격에 해당하지만, 양면시장에서는 기업의 이윤을 극대화하기 위한 정
당한 가격 책정 행위로 이해할 수 있기 때문이다.
〈장 티롤(Jean Tirole)〉,《두산백과 – 네이버 지식백과》, http://bit.ly/2yFR7BG

16 _ 대중에게 잘 알려지지는 않았지만, 각 분야에서 세계 시장을 지배하는 우량 기업
을 의미한다.
〈히든 챔피언(Hidden Champion)〉,《두산백과 – 네이버 지식백과》, http://bit.ly/2yEcG5O

17 _ 애프터마켓은 기업이 제품을 판매한 이후에 추가적으로 발생하는 수요에 의해 만
들어진 시장을 말한다. 중고차, 자동차 부품, 프린터 카트리지 등이 애프터마켓에서 거
래되는 상품들이다. 이와 반대로 신차, 프린터 등의 완제품이 거래되는 시장을 비포마켓
(beforemarket)이라고 한다. 대표적인 애프터마켓은 자동차 시장으로 주유, 부품 및 내
장품, 보험, 할부금융, 수리 및 세차, 중고차, 리스 등이 이에 해당한다.
〈애프터마켓(Aftermarket)〉,《두산백과 – 네이버 지식백과》, http://bit.ly/2jr6dZk

18 _ https://theleadershipnetwork.com

19 _ 이는 보쉬의 단일 투자 건으로는 사상 최대다.

20 _ 〈린 생산방식〉,《박문각 시사상식사전 − 네이버 지식백과》, http://bit.ly/2zXmdZW

21 _ 스테이지-게이트 프로세스(stage-gate process)는 기업의 신제품 개발 지침으로, 아이디어부터 제품 출시까지 신제품 개발 프로젝트를 체계적으로 만든 시스템이다. 스테이지에서는 프로젝트팀이 정보를 수집 · 분석하고 이를 바탕으로 개발 업무를 실시한다. 게이트에서는 스테이지 활동을 평가하고 그대로 진행할지, 투자를 얼마나 할지 등을 결정한다. 매 단계는 게이트를 통과해야만 다음 단계로 넘어갈 수 있다.
김수영, 〈5단계 검증 거쳐야 성공하는 신제품 나온다.〉,《매일경제》, 2016. 12. 16.

22 _ GTM(Go-To-Market)이란 '시장 혹은 소비자에게 가자'는 뜻이다. 기업이 총체적인 마케팅 전략을 실행하는 과정에서 자원, 조직, 프로세스 등을 효과적으로 활용해 실질적으로 시장에 침투하는 것을 말한다.
마이크 바움 외 3명(2010), 〈성공 마케팅을 위한 'Go-to-Market' 전략〉,《동아비즈니스리뷰》, 2010. 4.

23 _ 스마트시티는 언제 어디서나 인터넷 접속이 가능하고 영상 회의 등 첨단 IT 기술을 자유롭게 사용할 수 있는 미래형 첨단 도시다. 실시간으로 교통 정보를 얻을 수 있어 이동 거리가 줄고, 원격 근무가 가능해지는 등 거주자들의 생활이 편리해질 뿐만 아니라 이산화탄소 배출량도 줄일 수 있다.
〈스마트시티(Smart City)〉,《박문각 시사상식사전 − 네이버 지식백과》, http://bit.ly/2htd3sO

24 _ 독일에서는 대학 진학을 계획하는 학생이라면 9년 과정의 김나지움(Gymnasium)에, 회사원 또는 관공서 등에서 일할 학생은 6년 과정의 레알슐레(Realschule)에, 산업체의 근로자로 일하기 위한 기초 실업 교육을 받을 학생은 5년 과정의 하우프트슐레(Hauptschule)에 진학한다.
〈게잠트슐레(Gesamtschule)〉,《네이버 기관단체사전 : 학교》, http://bit.ly/2z3r3ok

25 _ 무크(MOOC)는 수강자 수의 제한이 없는 대규모 강의(Massive)로, 별도의 강의료

없이(Open) 인터넷(Online)으로 제공되는 교육 과정(Course)을 뜻한다. 웹을 통한 수강생의 무제한 참여와 개방을 목표로 한다. 2012년 미국에서 시작되었으며, 이후 영국·프랑스·독일·중국 등으로 퍼져 나갔다. 무크에서는 세계적 석학들의 강좌를 무료로 접할 수 있고 SNS를 통해 질의응답, 과제, 토론 등 양방향 학습이 가능하다.

〈무크(MOOC·Massive Open Online Courses)〉, 《박문각 시사상식사전 – 네이버 지식백과》, http://bit.ly/1ReXcHh

26 _ https://www.edx.org

27 _ 적층 가공은 3차원 물체를 만들어 내기 위해 원료를 여러 층으로 쌓거나 결합하는, 입체(3D) 프린팅이 작동하는 방식이다. 모든 3D 프린터는 컴퓨터의 지시에 따라 원료를 층(layer)으로 겹쳐 쌓아서 3차원의 물체를 만들어 낸다. 제품화 단계에서 금형을 제작하는 등 중간 과정이 전혀 필요 없고 즉각적인 수정 작업이 가능해 제품의 개발 주기와 비용의 효율성을 높여 준다.

〈적층 가공(additive manufacturing)〉, 《IT·용어사전 – 네이버 지식백과》, http://bit.ly/2iXfhBo

북저널리즘 인사이드　　　새로운 혁명을 꿈꾸다

2018년 1월 미국 라스베이거스에서 열린 국제전자제품박람회CES의 주인공은 단연 보쉬였다. 스마트시티를 주제로 한 발표에서 보쉬는 디지털 홍수 모니터링 시스템을 선보였다. 독일 소도시에서 실제로 사용하고 있는 이 시스템은 보쉬의 IoT 클라우드로 데이터를 전송해 위험 상황이 닥치기 전, 지역 주민들에게 실시간 문자 메시지로 경보를 발령한다.

한국에서 보쉬는 전동 드릴과 배터리로 유명한 자동차 부품 업체다. 그런 보쉬가 각종 신기술이 쏟아져 나오는 CES의 주인공이라는 사실이 놀랍다. 한국에서 제조업은 구시대의 유물로 취급된다. 신기술이라 하면 대다수가 구글, 아마존, 알리바바와 같은 ICT 기업만을 떠올린다. 이들 기업을 롤모델로 삼아 글로벌 시장에서 활약할 수 있는 플랫폼 기업을 만들자는 여론도 거세다.

그러나 2015년 한국의 총 부가가치에서 제조업이 차지하는 비중은 29.7퍼센트로 OECD 회원국 평균(15.4퍼센트)의 두 배 수준이다. 반면, 서비스업의 비중은 계속 하락해 OECD 평균(72.4퍼센트)을 밑도는 59.3퍼센트를 기록했다. 제조업의 비중이 확대되는 상황에서 서비스업 기반의 비즈니스 모델을 적용하자는 주장은 현실과 거리가 멀다.

프랭크 필러 박사와 송희경 국회의원은 독일의 제조업 혁신에 주목한다. 독일은 제조 공정에 ICT 기술을 접목해 제조업의 경쟁력을 강화하는 인더스트리 4.0을 추진하고 있다. 인더스트리 4.0은 CES 2017의 주요 의제로 다뤄졌을 뿐만 아니라 다보스 포럼에서도 논의될 정도로 세계의 주목을 받고 있다. 보쉬, 지멘스 등 인더스트리 4.0을 적용한 독일의 제조 기업들이 글로벌 시장에서 놀라운 성과를 발휘하고 있음은 말할 것도 없다.

제조업 혁신의 중심에는 플랫폼이 있다. 제조업에 적용된 플랫폼은 빅데이터, 사물 인터넷, 인공지능 등의 ICT 기술을 생산 현장과 연결해 제조 과정의 완전 자동 생산 체계를 구축한다. 제품 자체가 플랫폼이 되어 이전에 제공하지 못했던 서비스를 만들어 내기도 한다. 플랫폼 비즈니스를 채택한 기업들은 혁신을 일으키고 있다. 대표적인 제조업체 GE는 플랫폼 비즈니스를 시작하면서 글로벌 소프트웨어 기업으로 거듭났다. 보쉬도 미래 먹거리를 찾기 위해 과거의 성공을 버리고 과감하게 개혁을 단행하고 있다.

빠르게 변화하는 환경에서 살아남기 위해서는 우리만의 강점과 자원을 제대로 파악하고 활용할 줄 알아야 한다. 한국의 산업 경쟁력은 제조업에 있다. 지금, 독일의 인더스트리 4.0에 주목해야 하는 이유다.

송수아 에디터